Bildnachweis
© fotolia – Bildagentur-o: S. 10 (l.); formplus: S. 16 (l.); kirill4mula: S. 21 (o.); Anita P Peppers: S. 10 (r.)
© Majka Gerke – S. 34
© iStockphoto – amriphoto: S. 24 (l.); deepblue4you: S. 8 (M.); Ekaterina79: S. 25 (l.); GMVozd: S. 9 (r.); grafxart8888: S. 23; iom: S. 20 (l.); lovelyday12: Cover; luoman: S. 19; naumoid: S. 8 (l.); OkinawaPottery: S. 14; olegmit: S. 20 (r.); Alex Potemkin: S. 28; ra3rn: S. 8 (r.); Wavebreakmedia: S. 13 (o.); YinYang: S. 21 (u.)
© mauritius images – age fotostock/Kord.com: S. 31 (r.); Alamy RF/RooM the Agency: S. 25 (r.); Art Directors & TRIP/Alamy: S. 22; BY: S. 32 (r.); dave stamboulis/Alamy: S. 16 (r.); dieKleinert/Sabine Voigt: S. 13 (u.); imageBROKER/Egon Bömsch: S. 33 (l.); imageBROKER/Egmont Strigl: S. 32 (l.); imageBROKER/Klaus Wagenhäuser: S. 26/27; Image Source/Luka Storm: S. 30; Axel Killian: S. 27 (r.); MediaWorldImages/Alamy: S. 24 (r.); Dirk Renckhoff/Alamy: S. 31 (l.); Science Source/M. I. Walker: S. 29; Tetra Images/Erik Isakson: S. 2; Uwe Umstätter: S. 33 (r.); Westend61/Mareen Fischinger: S. 18
© Shutterstock – AeroFoto: S. 11 (M.); Blanscape: S. 17 (u. r.); burlakova_anna: S. 17 (o. r.); Curioso: S. 15; divedog: S. 7; jaroslava V: S. 4; Lopolo: S. 17 (o. l.); Dmitri Ma: S. 17 (u. l.); MarcelClemens: S. 5; molekuul_be: S. 3; Mopic: S. 6; NavinTar: S. 11 (l.); Tim Pieloth: S. 9 (l.); science photo: S. 11 (r.)

FSC www.fsc.org MIX Papier aus verantwortungsvollen Quellen FSC® C043106

Originalausgabe

www.hase-und-igel.de
Lektorat: Sibylle Krämer
Satz: Appel Grafik München GmbH
Illustrationen: Hendrik Kranenberg
Druck: Grafisches Centrum Cuno GmbH & Co. KG

ISBN 978-3-86760-972-2
4. Auflage 2024

Karolin Küntzel

Wie kommt das Wasser in den Hahn?

Fragen und Antworten rund ums Wasser

Hase und Igel®

Was ist Wasser?

Kannst du dir einen Tag ohne Wasser vorstellen? Schwierig, oder? Zähne putzen, Gesicht waschen, trinken, Nudeln kochen, ins Freibad gehen – für alles brauchst du Wasser. Und obwohl es so alltäglich ist, ist es etwas ganz Besonderes. Denn ohne Wasser können wir nicht leben.

Wasser riecht nicht, ist in flüssigem Zustand durchsichtig und kann verschiedene Formen annehmen, zum Beispiel zu Eis gefrieren. Es kann sich weich anfühlen, wenn du deine Hand eintauchst, und ganz hart bei einem Bauchklatscher. Salzwasser hat einen Geschmack, Süßwasser nicht. Schiffe schwimmen auf dem Wasser, Steine gehen unter.

Das alles funktioniert, weil Wasser aus winzigen Teilchen besteht, die Moleküle heißen. Sie sind noch viel kleiner als Wassertropfen. Mit dem bloßen Auge kannst du sie nicht sehen. Ein Wassermolekül besteht aus zwei Wasserstoffteilchen und einem Sauerstoffteilchen. Stell dir vor, dass sie sich aneinander festhalten. Wissenschaftler drücken das mit einer chemischen Formel aus: H_2O (sprich: Ha-zwei-O).

Mein Lexikon

H_2O:
H ist die Abkürzung für Wasserstoff, O steht für Sauerstoff. Die 2 gibt die Anzahl der Wasserstoffteilchen im Molekül an. Auf dem Bild siehst du das Modell eines Wassermoleküls.

Wie kam das Wasser auf die Erde?

Schlaue Frage

Was ist der Unterschied zwischen einem Meer und einem Ozean?
Ein Ozean ist eine riesige Wasserfläche zwischen den Kontinenten, also den Erdteilen. Es gibt insgesamt fünf Ozeane, zum Beispiel den Atlantik und den Pazifik. Meere sind viel kleiner als Ozeane und umfließen die Kontinente. Von ihnen gibt es ungefähr achtzig, wie etwa Nordsee, Ostsee und Mittelmeer.

Gewitter, Dauerregen, schwere Stürme und Vulkanausbrüche waren üblich, als die Erde entstand.

Als Astronaut auf einer Raumstation könntest du die Erde von oben sehen. Sicher würde dir dabei das viele Blau auffallen. Das sind die Ozeane und Meere. Die Erde wird deshalb auch der Blaue Planet genannt.

Unseren Planeten Erde gab es nicht immer. Er entstand vor ungefähr fünf Milliarden Jahren aus Teilchen aus Staub, Eis und Gestein. Diese prallten aufeinander und bildeten nach und nach die große Erdkugel. Viele Millionen Jahre später schlugen Meteoriten – das sind Himmelskörper aus Metall oder Gestein – in die Erde ein und es wurde so heiß, dass das Gestein der Erde schmolz. Als es wieder abkühlte, bildete sich eine dünne Erdkruste, ähnlich wie Schorf auf einer Wunde.

Brach die Kruste an manchen Stellen auf, stiegen Gase und Wasserdampf aus dem Inneren der Erde nach oben und ballten sich zu Wolken. Eine Lufthülle rund um die Erde entstand. Heftige Gewitter tobten und es regnete viele Jahrtausende lang. Das Wasser füllte Löcher und Gräben, aus denen schließlich Seen, Flüsse und Ozeane wurden.

Ungefähr ein Drittel der Erde besteht aus Land, alles andere ist Wasser. Findest du Italien, den „Stiefel"?

Kein Leben ohne Wasser

Schlaue Frage

Was ist Leben?
Menschen, Tiere und auch Pflanzen leben. Sie atmen, bewegen sich, wachsen, nehmen Nahrung auf und verarbeiten sie. Außerdem reagieren Lebewesen auf Reize wie zum Beispiel Kälte oder Licht.

Wissenschaftler rätseln bis heute, wie das Leben auf die Erde kam. Drei Ideen gibt es dazu. Die erste lautet: Das Leben kam aus der Ursuppe. So nennt man die Mischung aus Wasser und Gasen, die schon bei der Entstehung der Erde vorhanden war. Treffen auf die Ursuppe Blitze, bilden sich Bausteine, die in allen Lebensformen vorkommen. Eine andere Vermutung ist, dass Meteoriten einfache Lebensformen wie Bakterien mit auf die Erde brachten, als sie auf ihr einschlugen. Oder das Leben entstand zuerst in der Nähe von heißen Quellen in der Tiefsee.

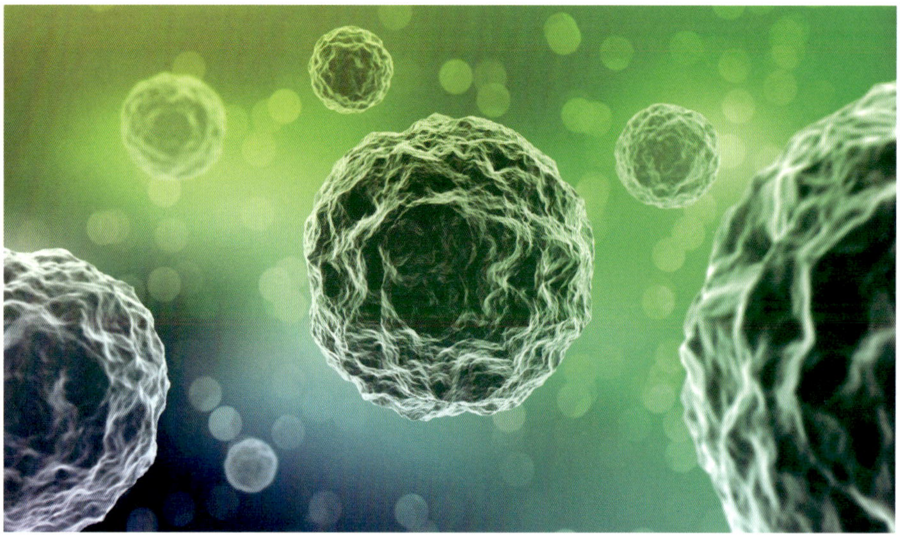

Die meisten Bakterien sind so klein, dass du sie mit bloßem Auge nicht sehen kannst. Auf dem Bild sind sie stark vergrößert.

Das Leben entstand im Wasser. Die ersten Pflanzen waren Algen und Moose. Später kamen Farne und Schachtelhalme dazu.

Sicher ist, dass sich das Leben aus Bakterien vor 3,5 Milliarden Jahren im Wasser entwickelte. Sie waren die ersten Lebewesen auf der Erde und bestanden aus einer einzigen Zelle. Eine Zelle ist der kleinste Baustein des Lebens. Mit der Zeit entstanden kompliziertere Formen mit mehreren Zellen und einem Kern: Auf die ersten einzelligen Tiere wie Amöben und Wimperntiere folgten Schwämme und Quallen. Wasser spielte dabei eine entscheidende Rolle. Denn jedes Lebewesen braucht Wasser. Pflanzen sind ebenso darauf angewiesen wie Tiere und Menschen. Auch du könntest ohne Wasser nur ein paar Tage auskommen. Ohne Nahrung hältst du es viel länger aus.

Mein Lexikon

Bakterien:
Bakterien sind Kleinstlebewesen, die überall auf der Erde vorkommen. Manche von ihnen sind wichtig für uns Menschen, weil sie uns zum Beispiel bei der Verdauung helfen. Andere verursachen Krankheiten und müssen daher mit Medizin bekämpft werden.

Besonderes Wasser: Dampf und Eis

Wasser kann seinen Zustand ändern, also ganz unterschiedlich erscheinen. Wenn du es aus einem Glas trinkst, ist es flüssig. Bringst du es in einem Topf zum Kochen, wird es gasförmig und steigt als sichtbarer Dampf auf. Ist es im Winter sehr kalt, friert Wasser zu Eis.

Zwischen null und hundert Grad Celsius ist Wasser flüssig. Du kannst deinen Durst damit löschen und Blumen gießen, dich mit ihm waschen oder ein Boot auf ihm schwimmen lassen.

Bei hundert Grad Celsius beginnt Wasser zu sieden. Das erkennst du daran, dass viele kleine Bläschen im Topf aufsteigen. Es bildet sich Wasserdampf. Vorsicht, er ist sehr heiß!

Wasser gefriert bei Temperaturen unter null Grad Celsius. Auf Pfützen und Seen bildet sich eine Eisschicht. Aus Wassertropfen zum Beispiel an Regenrinnen können Eiszapfen entstehen.

Wasser verändert seine Form, je nachdem, wie heiß oder kalt es in seiner Umgebung ist. Bei Minusgraden gefriert es.

Wasser ist etwas ganz Besonderes. Warum? Weil es sich anders verhält als die meisten Stoffe. Sie ziehen sich normalerweise bei Kälte zusammen. Wasser zieht sich bis zu einer Temperatur von vier Grad Celsius zusammen, unterhalb dieser Marke dehnt es sich dann aber aus. Friert eine volle Wasserflasche ein, kann sie durch die Ausdehnung sogar platzen wie auf dem Foto oben. Wasserflaschen oder auch andere Glasflaschen mit Flüssigkeiten sollten deshalb besser nicht ins Eisfach.

Für Forscher

Fülle Wasser oder Fruchtsaft in Eisförmchen. Achte darauf, dass sie nicht ganz bis zum Rand gefüllt sind. Zeichne die Füllhöhe mit einem Stift an. Stelle die Formen in den Gefrierschrank. Wie weit hat sich das Wasser nach einem Tag ausgedehnt?

Wasser wird zu Trinkwasser

Wenn es regnet, kannst du mit der Zunge Tropfen fangen. Du kannst aber auch Regen trinken, wenn du zu Hause den Wasserhahn aufdrehst. Denn ursprünglich war Leitungswasser einmal Regenwasser. Dieses sickert in den Boden und fließt durch Erde und Gestein. Dort sammelt es sich. Das Grundwasser, wie es nun heißt, wird mit Pumpen an die Erdoberfläche gefördert. Von dort läuft es durch Rohre in das Wasserwerk.

Regen fällt nicht nur auf den Boden, sondern auch in Seen. Sind sie groß genug, kann aus ihnen Wasser abgepumpt werden. Über Kanäle und unterirdische Rohre gelangt es ebenfalls zum Wasserwerk.

Dieses Schild zeigt an, dass sich in der Nähe ein Trinkwasserbrunnen befindet. Fahrzeuge, die gefährliche Stoffe transportieren, müssen hier sehr vorsichtig fahren.

Das Wasser wird mit Rohren in große Tanks geleitet.

In diesem Tank wird das Wasser gefiltert und gereinigt.

Das Wasser wird zum Schluss noch untersucht.

Mit Seewasser könntest du dich zwar waschen, zum Trinken ist es aber nicht geeignet. Vorher muss es gereinigt werden. Das geschieht in großen Becken oder Tanks. Filter befreien das Wasser von Sand und Schmutz. Trotzdem können noch krank machende Bestandteile, sogenannte Keime, darin sein. Diese winzigen Keime werden zum Schluss abgetötet. Erst dann ist das Wasser trinkfertig.

Vom Wasserwerk laufen viele Leitungen unter der Erde durch die Stadt bis in jedes Haus. Dort führen die Rohre dann zum Waschbecken, zur Dusche oder zum Wasserhahn im Garten.

Der Kreislauf des Wassers

Leitungswasser war einmal Regen. Regenwasser war aber auch einmal Leitungswasser. Wie kann das sein? Das liegt am Kreislauf des Wassers.

Wenn die Sonne die Erde, die Luft und die Gewässer erwärmt, steigt Wasser aus dem Boden und den Wasserflächen unsichtbar in den Himmel auf. Es verdunstet, sagt man. Weil hoch oben die Luft kühler ist, wird auch die aufsteigende Luft kälter. Aus dem unsichtbaren Wasser bildet sich nun eine Wolke mit Wassertropfen. Kann sie kein Wasser mehr aufnehmen, beginnt es zu regnen oder, wenn es sehr kalt ist, zu schneien. Der Regen versickert im Boden oder fällt zurück in die Gewässer.

Der Kreislauf des Wassers funktioniert sogar in einem Glas. Du brauchst dazu ein Gefäß mit großer Öffnung. Fülle unten Steinchen hinein. Darauf kommt eine Schicht Sand und dann eine etwas dickere Schicht Erde. Setze vorsichtig ein paar kleine Pflanzen ein und drücke die Erde um die Wurzeln gut an. Fülle etwas Wasser hinein. Verschließe das Glas dann luftdicht mit einem Deckel oder Frischhaltefolie und stelle es an einen sonnigen Ort. Was passiert?

Für Forscher

Wasserdampf, der abkühlt, wird wieder flüssig. Das kannst du gut beim Kochen beobachten. Bitte einen Erwachsenen, einen kalten Topfdeckel in den Dampf über einem Kochtopf zu halten. Trifft der heiße Dampf auf den kalten Deckel, verwandelt sich der Dampf in Tropfen.

Dieses Mädchen beobachtet, wie Tropfen an der Innenseite des Glases herablaufen. Das Wasser ist verdunstet und dann kondensiert.

Wasser geht im Kreislauf nicht verloren, es nimmt nur einen anderen Zustand an wie etwa Dampf, Eis oder Schnee.

Mein Lexikon

kondensieren:
Wenn Wasserdampf abkühlt und dabei flüssig wird, sagt man, er *kondensiert*.

Eine saubere Sache

In durchsichtigen Flaschen kannst du gut sehen, ob kleine Schwebeteilchen im Meer- oder Flusswasser sind.

Für Forscher

Wasser kannst du selbst filtern. Schneide von einer Plastikflasche den Hals ab. Fülle sie von unten nach oben mit Kieseln, Sand, Erde und Moos. Bohre in den Boden einige kleine Löcher, durch die Wasser ablaufen kann. Gieße oben Wasser aus einem Meer oder Fluss in die Flasche und fange es unten wieder auf. Ist es sauberer geworden?

Wenn du dir die Hände wäschst, die Toilette benutzt oder dein Malwasser ausgießt, fließt das schmutzige Wasser durch Rohre aus dem Haus in unterirdische Kanäle. Das Abwasser der ganzen Stadt sammelt sich dort und wird weiter in die Kläranlage geleitet. Hier reinigt man das Wasser gründlich.

In großen runden Becken fischt zuerst ein Rechen alles heraus, was im Wasser schwimmt. In seinen Zinken bleibt der grobe Schmutz hängen. Danach fließt das Wasser langsam durch weitere Becken, damit sich der Sand und andere Teilchen, die im Wasser schweben, absetzen können. An der nächsten Station wird Luft in das Wasser geleitet. Sie ist wichtig für die Bakterien, die dabei helfen, das Wasser zu säubern. Anschließend wird es gefiltert und auf Sauberkeit geprüft. Ist alles in Ordnung, darf das gereinigte Wasser in den nächsten Fluss geleitet werden.

Im großen Bild auf der rechten Seite siehst du eine Kläranlage von oben. Gut zu erkennen sind die runden Becken mit den Rechen. Wo so viele Abwässer zusammenkommen, riecht es etwas streng.

Menschen brauchen Wasser

Wenn es sehr heiß ist oder du dich besonders anstrengst und viel schwitzt, dann solltest du auch mehr trinken.

Dein Körper besteht zu siebzig Prozent aus Wasser. Wenn du zu wenig trinkst, trocknet er aus. Ohne Wasser könnte dein Blut nicht mehr richtig fließen und dein Körper nicht mehr gut arbeiten. Deshalb solltest du täglich ungefähr einen Liter trinken. Wasser brauchst du auch für viele andere Dinge. Da kommt eine ganze Menge zusammen. Etwa 120 Liter verbraucht eine Person bei uns am Tag. In manchen Gebieten in Afrika haben die Menschen nur zwanzig Liter täglich zur Verfügung. Das ist viel zu wenig.

Nicht überall auf der Welt haben die Menschen so viel Wasser wie wir zur Verfügung. Oft müssen sie sauberes Trinkwasser Tag für Tag von weit entfernten Brunnen holen.

Pro Tag verbrauchen wir etwa vierzig Liter Wasser für unsere Körperpflege: Zähne putzen, waschen, duschen oder baden.

Weitere vierzig Liter Wasser spülen wir am Tag in der Toilette herunter. In einen Wasserkasten passen ungefähr zehn Liter Wasser.

Auch zum Geschirrspülen, Wäschewaschen und Putzen ist Wasser nötig. Hier kommen noch einmal ungefähr 35 Liter am Tag zusammen.

Nur fünf Liter pro Tag verbrauchen wir für Trinken, Essen und Kochen. Das ist im Vergleich zu den anderen Tätigkeiten nicht besonders viel.

Wie kann ich Wasser schützen?

Wasser ist lebenswichtig und deshalb wertvoll. Aus diesem Grund sollten wir es weder verschwenden noch unnötig verschmutzen. Du kannst zum Beispiel darauf achten, den Wasserhahn beim Duschen zwischendurch zuzudrehen. So sparst du am Tag schon ein paar Liter Wasser. Oder du benutzt am Spülkasten der Toilette die Spartaste. Dann fließen statt der üblichen zehn Liter nur ungefähr fünf Liter Wasser durch das Klo. Die Spartaste erkennst du an ihrer Größe. Sie ist meistens etwas kleiner als die andere Taste.

Für Forscher

Putze dir die Zähne bei laufendem Wasserhahn. Fange das ungenutzte Wasser im Waschbecken auf (Stöpsel rein!). Nimm einen Messbecher, schöpfe das Becken aus und rechne die Mengen zusammen. Wie viel ist es? Vergleiche diese Menge mit der, die in einen Zahnputzbecher passt.

Auch beim Zähneputzen solltest du den Wasserhahn nur aufdrehen, wenn du das Wasser brauchst.

Müll wieder aus dem Wasser zu fischen, ist sehr mühsam und teuer. Besser, er gelangt gar nicht erst hinein.

Jeden Tag landen Dinge im Wasser, die dort nicht hingehören. Farb- und Essensreste werden in die Toilette gekippt, leere Flaschen und anderer Müll bleiben am Strand zurück und werden mit der nächsten Welle ins Meer gespült. Achte deshalb darauf, dass Abfall dort hinkommt, wo er sicher entsorgt werden kann. Das Wasser kannst du auch schützen, indem du Dinge benutzt, die schon beim Herstellen wenig Wasser benötigen. Für Recycling-Papier (sprich: Rißeikling-Papier), also Papier aus Altpapier, wird zum Beispiel viel weniger sogenanntes virtuelles Wasser benötigt als für neues Papier aus Holz.

Mein Lexikon

virtuelles Wasser:
Wasser, das für die Herstellung von Gegenständen benötigt wird, nennen Fachleute *virtuelles Wasser.* Es steckt zum Beispiel in deinem T-Shirt, da die Baumwollpflanze, aus der der Stoff hergestellt wird, wie alle Pflanzen gegossen werden musste.

Die Kraft des Wassers

Ein altes Wasserrad aus Holz: Das Gewicht des Wassers drückt die Querhölzer nach unten und setzt so das Rad in Bewegung.

Eine große Welle kann dich ganz leicht umschubsen. Wenn du das schon einmal erlebt hast, weißt du, dass Wasser eine Menge Kraft hat. Diese Kraft kann man nutzen und Strom aus ihr gewinnen. Riesige Staudämme sind ein Weg, um Wasserkraft in Strom umzuwandeln. Dazu werden unter der Wasseroberfläche Durchlässe in der Staumauer aus Beton geöffnet. Durch sie fließt das Wasser mit großem Druck und hoher Geschwindigkeit ab. Am Fuß des Staudamms befindet sich ein Wasserkraftwerk. Das Wasser fließt dort hinein und an einer sogenannten Turbine vorbei.

Dieser Stausee ist voll, deshalb läuft das Wasser über einen Überlauf ab.

Eine Turbine ist ein großes Rad mit Schaufeln. Das vorbeiströmende Wasser versetzt das Rad in Bewegung. In einem Kraftwerk gibt es mehrere dieser Turbinen.

Jede Turbine ist mit einem Generator verbunden, wie hier auf dem Bild. Diese Maschinen wandeln Bewegungsenergie in elektrische Energie, also Strom, um.

Für Forscher

Baue dir aus Deckeln von Plastikflaschen und zwei CDs ein Wasserrad. Klebe dazu mit einer Heißklebepistole acht Flaschendeckel aufrecht auf eine CD. Die Öffnungen zeigen alle in eine Richtung. Klebe die zweite CD oben auf die Flaschendeckel. Schiebe einen Stab als Achse durch die Mitte der CDs. Zwei weitere in der Mitte durchbohrte Deckel kommen links und rechts auf den Stab. Sie halten das Wasserrad in Position. Fertig! Lass dir beim Bohren und Heißkleben von einem Erwachsenen helfen.

Achtung, Bauchklatscher!

Tauchst du die Hand langsam in Wasser, fühlt es sich ganz sanft an. Die Wassermoleküle weichen zur Seite und machen deiner Hand Platz. Was aber passiert, wenn du vom Einmeterbrett springst und mit dem Bauch auf der glatten Wasseroberfläche landest? Autsch! Das Wasser ist plötzlich hart wie Beton. Grund dafür sind die Moleküle. Sie können nicht schnell genug reagieren und dir Platz machen. Je größer die Körperfläche ist, mit der du aufkommst, desto mehr tut es weh. Am besten machst du einen eleganten Kopfsprung oder tauchst mit den Füßen voran aufrecht ins Wasser.

Wasser kann sich auch verhalten, als hätte es eine Haut. Das nennt man die Oberflächenspannung des Wassers. Die einzelnen Moleküle haften fest aneinander und wollen sich nicht trennen. Das ist für manche Insekten wie den Wasserläufer eine gute Sache: Er ist sehr leicht und verteilt sein Gewicht auf sechs lange, dünne Beine. Dort, wo seine Füße das Wasser berühren, bildet sich eine kleine Delle, aber die „Wasserhaut" reißt nicht. So kann er ohne Probleme über das Wasser laufen und geht dabei nicht unter.

Für Forscher

Fülle ein Glas mit Wasser. Lege eine Büroklammer auf die Wasseroberfläche. Wenn du das ganz vorsichtig machst, schwimmt sie. Gib nun einen Tropfen Spülmittel dazu. Was passiert? Was macht das Spülmittel mit der Oberflächenspannung?

Wieso schwimmen Schiffe?

Boote schwimmen auf dem Wasser. Kleine Ruderboote genauso wie tonnenschwere Frachtschiffe. Wieso gehen sie nicht unter wie der Stein, den du ins Wasser wirfst? Er ist doch viel leichter als ein großes Schiff. Das Geheimnis liegt in der Form. Ein Schiff hat hohe Seitenwände und ist innen hohl. Taucht es ins Wasser ein, schiebt es die Wassermassen zur Seite: Es verdrängt das Wasser. Das kennst du aus der Badewanne. Ist das Gewicht des Wassers, das vom Schiff verdrängt wird, größer als sein eigenes Gewicht, schwimmt das Schiff. Das Wasser unter ihm drückt es nach oben. Diese Kraft nennt man Auftrieb.

Für Forscher

Den Auftrieb kannst du mit Zitronen testen. Eine geschälte Zitrone geht unter, eine mit Schale schwimmt. Grund dafür sind die mit Luft gefüllten Hohlräume in der Schale. Sie funktionieren wie ein Schwimmreifen und sorgen für den nötigen Auftrieb.

Nimm etwas Knete und forme daraus eine Kugel. Fülle eine Schüssel mit Wasser. Setze die Knetkugel vorsichtig auf die Wasseroberfläche. Was passiert? Genau, deine Kugel geht unter.

Nimm die Kugel nun aus dem Wasser und mach ein Boot daraus. Halte sie dafür in beiden Händen und drücke mit den Daumen eine Vertiefung in die Mitte. Knete den Boden flach und die Seitenränder gleichmäßig hoch. Starte den zweiten Versuch. Schwimmt die Knete nun, wenn du sie auf das Wasser setzt?

Schiffe aus Alu oder Kunststoff schwimmen, Kanus aus Holz ebenfalls. Selbst Boote aus Papier gehen lange Zeit nicht unter, wenn sie die richtige Form haben.

Auch Pflanzen haben Durst

Blumen im Topf und im Garten brauchen Wasser, damit sie wachsen können. Vergisst du, sie zu gießen, lassen sie ihre Köpfe hängen und werden welk. Pflanzen saugen das Wasser mit ihren Wurzeln aus dem Boden. Von dort gelangt es über den Stängel oder Stamm bis in das kleinste Blatt. Das Wasser fließt dabei in der Pflanze durch kleine Röhrchen. Sie funktionieren ähnlich wie ein Strohhalm. Allerdings saugt am anderen Ende kein Kind, sondern die Sonne. Verdunstet das Wasser aus dem Blatt, steigt sofort Wasser von unten nach oben auf und versorgt die Pflanze weiter bis in die kleinste Spitze. Siehst du dir ein Blatt genau an, erkennst du die Blattadern, in denen das Wasser transportiert wird.

Du kannst ganz leicht beobachten, wie das Wasser über den Stängel bis in die Blüte steigt. Stelle dazu eine weiße Nelke oder Margerite in eine Vase mit gefärbtem Wasser. Zum Färben ist Lebensmittelfarbe geeignet. Nach ein paar Tagen nehmen die Blütenblätter die Farbe des Wassers an. Deine Blume hat zusammen mit dem Wasser auch den Farbstoff in jede feine Ader gesaugt.

In der Vergrößerung kannst du die feinen Blattadern gut erkennen.

Leben im Wassertropfen

Leitungswasser ist ganz klar. Füllst du es in ein Glas, wirst du nichts darin entdecken. Das Wasser aus Meeren, Flüssen, Seen und Tümpeln steckt dagegen voller Leben. Wenn du ganz genau hinschaust, kannst du vielleicht ein paar winzige Tierchen und Pflanzen entdecken. Richtig interessant wird so ein Wassertropfen unter dem Mikroskop.

Ein einzelner Tropfen wird auf die kleine Ablage aus Glas, den Objekttisch, getupft. Darüber befinden sich die Vergrößerungsgläser. Sie heißen Objektive und können mit Drehknöpfen scharf gestellt werden. Durch das Rohr, das Okular, schaut man hinein.

Mein Lexikon

Mikroskop:
Mit einem *Mikroskop* können kleinste Gegenstände und Lebewesen vielfach vergrößert werden. Das Wort stammt aus dem Griechischen: *mikrós* bedeutet „klein“, *skopeín* heißt „betrachten“.

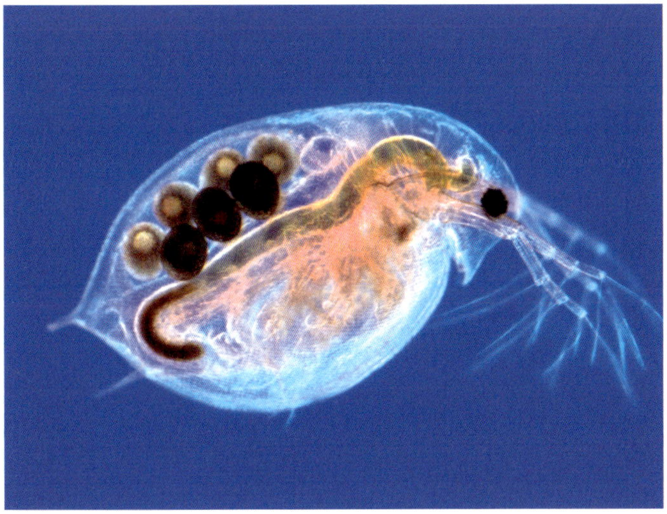

Dem Wasserfloh kannst du in den Bauch schauen. Er gehört zu den Krebstieren und besitzt zwei Paar Antennen. Eines davon, die Ruderantennen, benutzt er, um sich fortzubewegen.

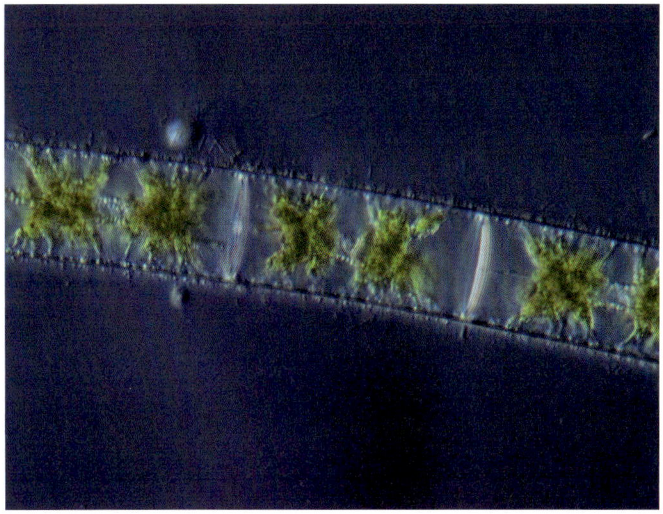

Grünalgen sind sehr häufig und kommen in verschiedenen Formen vor. Manche sind rund und haben nur eine Zelle, andere – wie die auf dem Bild – sind fadenförmig und besitzen mehrere Zellen.

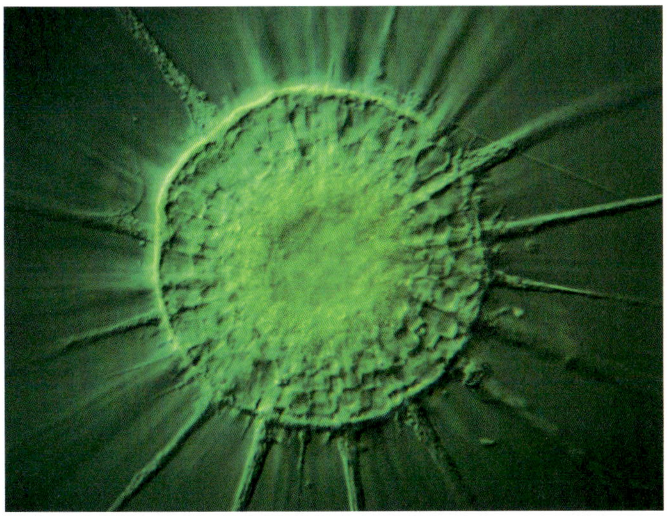

Ihren Namen verdanken die Sonnentierchen ihrem Aussehen. Vom runden Körper gehen Strahlen ab, die Scheinfüßchen genannt werden. Mit ihnen fangen sie Beute wie zum Beispiel Wimperntierchen.

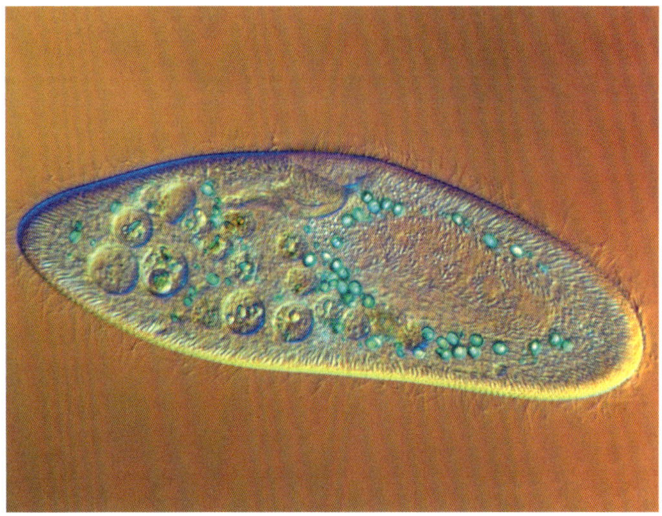

Pantoffeltierchen sind ungefähr 0,3 Millimeter groß und gehören zu den Wimperntierchen. Sie ernähren sich von Bakterien und bewegen sich mithilfe von vielen Tausend Wimpern fort.

Ist Süßwasser süß?

Meerwasser ist salzig. Wenn du deinen Finger hineintauchst und dann an ihm leckst, kannst du es schmecken. Meerwasser heißt deshalb auch Salzwasser. Unser Trinkwasser enthält kein Salz oder nur so wenig, dass du es nicht bemerkst. Im Gegensatz zum Salzwasser nennt man es Süßwasser. Süß ist es deshalb aber noch lange nicht.

Das Salz im Meer stammt aus Steinen und Felsen, die von Wind und Regen ausgewaschen werden. Über Bäche und Flüsse kommt das Salz ins Meer und sammelt sich dort.

Schlaue Frage

Warum soll man kein Salzwasser trinken?
Weil der Körper das Salz aus dem Wasser nicht ausscheiden kann. Dazu bräuchte er reichlich Süßwasser, um das Salz auszuspülen. Bekommt er das nicht, holt er sich dieses Wasser aus den Körperzellen und der Mensch verdurstet innerlich.

Nicht alle Meere sind gleich salzig. In der Ostsee ist zum Beispiel viel weniger Salz enthalten als im Atlantischen Ozean.

Die Salzhaufen werden zu einem großen Salzberg zusammengetragen und von dort in die Fabrik gefahren.

Im Toten Meer kannst du dich auf den Rücken legen und einen Comic lesen. Du gehst dabei nicht unter.

In Ländern, in denen es sehr warm ist, verdunstet viel Meerwasser. Dort kann man in sogenannten Salzgärten Meersalz ernten. Das Salzwasser trocknet in flachen Becken aus und zurück bleibt eine dünne Schicht Salz. Arbeiter schöpfen sie ab oder rechen sie zu Haufen zusammen. Nach dem Reinigen und Verpacken in der Fabrik kommt das Salz in die Läden.

Am salzigsten ist das Tote Meer, das in Israel liegt und eigentlich ein See ist. Es besteht zu fast einem Drittel aus Salz. Je mehr Salz im Wasser gelöst ist, desto höher ist die Dichte des Wassers und damit der Auftrieb. Deshalb brauchst du in Salzwasser nicht so viele Schwimmbewegungen, um an der Oberfläche zu bleiben.

Für Forscher

Löse drei Esslöffel Salz in einem Becher Wasser auf. Gieße die Mischung in eine flache Schale und stelle sie an einen warmen Ort. Ist das Wasser verdunstet, bleibt das Salz übrig.

Noch Fragen?

Wie viel Trinkwasser gibt es auf der Erde?

Obwohl es unglaublich viel Wasser gibt, ist der größte Teil davon Meerwasser und damit salzig. Das meiste Süßwasser ist am Nord- und Südpol als Eis gefroren. So kommt es, dass nur ein winziger Teil, nämlich 0,3 Prozent, der enormen Wassermenge auf der ganzen Erde als Trinkwasser verfügbar ist.

Wird kaltes Wasser schneller zu Eis als heißes?

Nein, es ist genau umgekehrt. Heißes Wasser gefriert schneller als kaltes. Warum das so ist, können Wissenschaftler trotz vieler Versuche bis heute nicht genau erklären. Dieses Verhalten von Wasser heißt Mpemba-Effekt, weil der afrikanische Schüler Erasto B. Mpemba 1963 die ersten Versuche dazu machte.

❓ Wie viel Wasser steckt in einer Tomate?

In reifen Tomaten steckt viel virtuelles Wasser: Ungefähr dreizehn Liter kommen zusammen. Um ein Auto zu bauen, werden 400 000 Liter Wasser benötigt. In deinem Baumwoll-T-Shirt stecken ungefähr 2700 Liter. Die Pflanzen mussten gewässert und gereinigt, der Stoff gefärbt und gewaschen werden.

❓ Warum ist genügend Wasser für Menschen so wichtig?

Ohne Wasser verdursten Menschen schon nach kurzer Zeit. Länger als drei Tage können wir in der Regel nicht ohne Wasser auskommen. Zwischen einem und drei Liter Flüssigkeit pro Tag werden empfohlen. Im Laufe eines Menschenlebens kommen so bis zu 30 000 Liter Wasser zusammen.

Die Autorin

Karolin Küntzel hat Germanistik, Geschichte und Weiterbildungsmanagement studiert. Sie arbeitet als Dozentin und unterrichtet an Grundschulen im Bereich der Lernförderung. Als freie Autorin hat sie zahlreiche Sachbücher für Erwachsene und Kinder verfasst. Außerdem betreibt sie einen Blog rund um Naturthemen. Mit ihrer Familie lebt sie am Stadtrand von München. Mehr Informationen findest du auf ihrer Homepage *www.karibuch.de*.